BOTHO STRAUSS

SAUL

Rowohlt

INHALT

SAUL

PERSONEN

SAMUEL

SAUL

JONATHAN

DAVID

DER BOTE

DIE HEXE VON ENDOR

DAS VOLK (Stimmen)

DAS LICHT (Stimme)

SAMUEL VOR DEM VOLK

Zeltartig überdachte Bühne mit einer Öffnung im mittleren Hintergrund und einem Eingang auf der linken Seite. Der Richter Samuel vor einem länglichen Glaskasten zur rechten Seite, darin das Volk, Puppen, Kostüme, holzgeschnitzte Figuren («Teraphim»), alle etwas unterlebensgroß.

DAS VOLK Du, Samuel, bist alt, deine Söhne sind Schurken. Setze einen König über uns, der uns richte und anführe in der Schlacht.

SAMUEL Ich bin vor euch hergegangen von Jugend an bis auf den heutigen Tag.
Antwortet mir: Habe ich jemandes Esel oder Ochsen genommen?
Habe ich einem von euch Gewalt oder Unrecht getan?
Habe ich von jemandem Geschenke genommen und mich bestechen lassen?
Habe ich jemals gefehlt in meinem Amt?

DAS VOLK Du hast keine Gewalt und kein Unrecht getan.

SAMUEL Ich habe euch ausgetrieben die Baalim und die Astaroth, fremde Götter, auf daß ihr dient und gefallt dem Gott allein, der eure Väter aus Ägypten führte – versteht ihr mich?

DAS VOLK Ja.

SAMUEL Wißt ihr, welche Rechte ein König über euch
haben wird?
Was alles er verlangen wird von euch?
Eure Söhne wird er fortnehmen und zu seinen Heer-
scharen tun.
Andere wird er zu seinen Knechten geben, die seinen
Acker bestellen, und zu den Schnittern seiner Ernte.
Eure Töchter wird er euch nehmen und sie zu Salben-
mischerinnen, Köchinnen und Bäckerinnen machen.
Eure besten Äcker, Weinberge und Ölgärten wird er
besitzen und unter den Seinen verteilen.
Von euren Herden wird er den Zehnten fordern und
seine Waffengeschäfte damit begleichen.
Und wenn ihr schreien werdet über die furchtbare
Macht des Königs, so wird euch der Herr euer Gott nicht
erhören.

DAS VOLK So wird es nicht kommen.
Es soll ein König über uns sein.

SAMUEL Ist nicht jetzt Weizenernte? Ich will den Herrn
anrufen, daß er soll donnern und regnen lassen. Damit
ihr einseht, welch ein Übel über euch kommt, wenn ihr
um einen König bittet.

GOTT SPRICHT ZU SAMUEL

DAS LICHT Was wollt ihr einen König haben?
　Ich allein bin euer König.

SAMUEL Sie wollen einen, der sie sammelt und anführt,
　wie ihn die Heidenstämme haben.
　Einen Herrscher, der ihnen voranschreitet in der
　Schlacht.
　Niemals hat ein Prophet den Stämmen Israels einen
　König verheißen.
　Kein Herrscher kann bestehen neben dem Herrscher
　über Himmel und Erde.
　Darin kehrt sich die Zeit um und brechen die alten
　Gebote.

DAS LICHT Gehorche der Stimme des Volks in allem,
　was sie dir gesagt haben.
　Sie haben nicht dich, sondern mich verworfen.
　Gehorche ihrer Stimme und mach ihnen einen König.
　Ich will dir zeigen den Künftigen, den ich bestimmt
　habe.

Saul erscheint im Hintergrund der Bühne.

SAUL UND SAMUEL

SAUL Sag mir – wo finde ich des Sehers Haus?

SAMUEL Ich bin der Seher. Ich bin es, den du suchst, und
ich suche dich.

SAUL Mein Vater, ein Mann vom Stamme Benjamin mit
Namen Kis, ein Sohn Abiëls, welcher ein Sohn Zerors,
welcher ein Sohn Bechoraths, welcher ein Sohn
Aphiahs … ist ein wohlhabender Mann. Doch achtet er
wenig auf seine Güter und Bestände. Daher sind ihm
drei Eselinnen entlaufen. Und ich bin geschickt, sie zu
suchen und heimzuführen. Drei Tage schon streife ich
vergebens durch das Gebirg und kann sie nirgends finden.
Seher, siehst du sie nicht?

SAMUEL Nun sehe ich vor mir den gesegneten Mann, der
ausging, seine Eselinnen zu suchen, und ein Königreich
fand.

SAUL Warum spottest du über mein Mißgeschick? Es ist
meine Pflicht, die Tiere zu finden und dem Vater zurück-
zubringen.

SAMUEL Geh jetzt vor mir hinauf in die Höhe. Kümmere
dich nicht um deine Eselinnen.
Sie sind ja gefunden.

SAUL Gefunden? Wo? Ich glaube es nicht.

SAMUEL Sie sind gefunden, wie du gefunden bist.
Was, glaubst du, kommt noch alles hinzu?
Wem wird gehören das Beste aus dem Land Israel,
wenn nicht dir und deines Vaters Haus?

SAUL Bist du wirklich der Seher, oder bin ich einem
Narren begegnet?

SAMUEL Sagt nicht unter den Weisen der gläubigste sogar:
Eines tue ich lieber als glauben, und das ist zweifeln.

SAUL Zwar bin ich groß von Wuchs, doch komme ich vom
kleinsten Stamm Israels.
Mein Geschlecht ist das geringste unter den Geschlech-
tern vom Stamm Benjamin.
Wie kann es sein, daß du so unkundig weissagst?

SAMUEL Genug. Schweig und steh jetzt still. Damit ich dir
verkünde, was Gott gesagt hat.
Du gehst vor mir zum Hügel hinauf. Dort werde ich
das Ölhorn nehmen und über dein Haupt gießen. Dann
werde ich dich küssen und fragen: Weißt du nun, daß
dich der Herr zum Fürsten über dein Volk gewählt hat?

SAUL Mich? Mich nicht.
Zwar bin ich aus einem wohlhabenden Haus. Doch ein

Königreich kann man sich nicht kaufen mit all seinen
Reichtümern. Du hast dich geirrt in mir.

SAMUEL Geirrt mag sich wohl einer haben. Vielleicht war
es das Volk Israels, als es nach einem Fürsten verlangte.
Nun aber bist du der Erwählte des Herrn. Höre jetzt auf
die Zeichen, die geschehen, nachdem du von mir
gehst. Zwei Männer werden dir begegnen, die sagen:
Die Eselinnen sind gefunden, die du suchst. Darauf
geben sie dir zwei Brote, die du in deine Hände nimmst.
Wenn du dann hinuntergehst in die Stadt, wird dir
eine Schar Propheten entgegenkommen, und vor ihr
schreiten Psalter, Pauke, Flöte und Harfe.
Es wird ein großes Stimmengewirr anheben, denn sie
werden alle weissagen. Der Geist des Herrn wird über
dich kommen, und du wirst mit ihnen weissagen.
Da wirst du ein anderer Mensch sein.

SAUL Welch ein anderer soll ich denn werden?
Warum darf ich nicht bleiben, wer ich bin?

SAMUEL Geh jetzt den Weg hinauf zum Gotteshügel,
ich folge dir.
Wenn alle Zeichen geschehen sind, die ich dir sagte,
bist du schon von Kopf bis Fuß ein anderer geworden.
Dann magst du tun, was dir unter die Hände kommt.
Denn Gott wird deine Hände lenken nach seinem
Willen.

Saul sucht seine Hände zu verstecken. Er geht in den Hinter-
grund.
Samuel folgt ihm.

DER BOTE UND DAS VOLK

Der Bote auf einem Stein sitzend, das Volk als Figuren /
Stimmen im Glaskasten.

DER BOTE Immer zu hören das ferne Schütteln der
  Namen, das Purzeln der Lose in unsichtbaren und fernen
  Tombolatrommeln. Herauszufallen als der Getroffene,
  oh! Ein Mann, dem Unscheinbarkeit heilig war und auch
  am zuträglichsten, der fürchtet das große Los mehr als
  das ungezeichnete …

  Er springt auf und ruft:

  Und ward getroffen Saul! Saul, der Sohn des Kis …

  Das Volk zum Jubel auffordernd:

  Glück zum König! Glück zum König!

DAS VOLK Glück zum König!
  Wird er auch herkommen?
  Wo ist er?
  Wir wollen ihn sehen!

DER BOTE Versteht man, weshalb Saul sich zu verstecken
  sucht?

Jeder weiß, weshalb Adam es tat. Aber Saul?

Als man ihn zum König ausrief, war er bereits ein Gesalbter.

Sie suchten ihn überall, aber sie fanden ihn nicht, denn er hatte sich beim Troß versteckt.

Seht nur, der König verbirgt sich unter den rostigen Wagen.

Ach, man zieht ihn unter einem Haufen von Schrott hervor.

Nun erhebt sich der König, nun seht, welchen Mann euch der Herr erwählte.

Denn ihm ist keiner gleich unter euch allen. Und jeden überragt er um Hauptes Länge.

DAS VOLK Der soll es sein?

Aber der doch nicht!

Dürr und lang wie ein Spieß.

Wie soll der uns helfen können?

Saul, mit Stirnreif und Armspange, kommt langsam in den Vordergrund.

SAULS SIEG ÜBER DIE AMMONITER

Saul zerschlägt einen Ochsenkadaver mit seinem Schwert.

SAUL Seht her, Volk von Israel, ihr, die ihr zittert und zagt
und euch in euren Zelten verkriecht:
So wie ich dieses Rind zerstückle, wird jedem von euch
sein Vieh geschlachtet und vernichtet, wenn ihr mir
nicht folgt wie ein Mann. Zerstören werd ich euer Hab
und Gut, wenn ihr euch nicht aufmacht allesamt und mit
mir zieht gegen die Stadt Jabesch, welche die Ammoniter belagern und wollen keinen Bund schließen mit den
Leuten in Jabesch, sondern einem nach dem anderen
das Auge ausstechen. Deshalb kommt, macht euch los
von euren Weibern und zieht mit mir in den Kampf.

*Er wendet sich um und spricht zu Samuel, der durch den
Eingang linkerhand aufgetreten ist:*

Und alle kamen. Ich musterte die Männer und teilte die
besten in drei Heere auf.
Zur Morgenwache fielen wir ein ins Lager der Ammoniter, und bis zur Mittagsglut war die Stadt Jabesch befreit.
Die Feinde in alle Winde zerstreut. Das war mein Sieg
von Jabesch.

SAMUEL Der heilige Zorn war über dich gekommen, die
 Begeisterung, in der Gott mit dir war, und der Schrecken
 verbreitete sich im Lager der Feinde. Nie sah ich einen
 kampfwütigeren Mann.

SAUL War nicht auch ein Teil von mir selbst dabei? Die
 kalte Klugheit, die Vorsicht und Berechnung, zu wissen,
 was der Ammoniter plante und wie er erdrückend zu
 umzingeln war?
 Sahst du nicht meine Feldherren gut beraten?

DAS VOLK Mein Fürst! Laß unter uns jene hervortreten,
 die gemurrt haben, als Saul zum König ausgerufen wurde. Die sagten: Was kann der uns schon helfen? Ihnen
 soll geschehen gleich wie Saul sein Rind zerstückelte.

SAUL Heute wird niemand sterben unter den Kindern
 Israels.
 Durch euren König ist Heil gekommen über das ganze
 Land.
 Bringt Dankopfer Gott dem Herrn.

SAMUEL Der Tag des Siegs ist auch ein Tag des Abschieds
 vom alten Reich.
 Heute lege ich mein Richteramt nieder. Ich bin alt, und
 meine Tage schwinden schnell dahin.
 Ich habe eurer Stimme gehorcht in allem, was ihr gefor-
 dert habt, und habe euch einen König gemacht.

Niemals wird Gott euch von der Sünde freisprechen, daß ihr einen anderen zum Herrscher ausrieft neben ihm, dem Allmächtigen. Aber der Herr verläßt sein Volk nicht um des großen Namens willen, den er ihm gab. Ihr habt am heutigen Tag erfahren, welch große Freude er euch gebracht hat. Deshalb fürchtet den Herrn und dient ihm getreu. Und vergeßt nicht das Übel, das ihr ihm getan habt.

Glaubt mir, glaubt meiner letzten Weissagung: Werdet ihr erneut abfallen von ihm, so sollt ihr und euer König für immer verloren sein.

DER BOTE UND DER
KNABE JONATHAN

DER BOTE Hör zu, Jonathan, und vergiß es nicht:
Dein Vater führte das Reich Israel von einem Sieg
zum nächsten. Er stritt wider alle unsere Feinde und
bekämpfte die Moabiter und die Ammoniter im Osten,
die Edomiter im Süden, die aramäischen Könige von
Zoba im Norden und die Philister im Westen. Wohin er
sich auch wandte, übte er Strafe an allen Feinden
Israels und rettete unser Land aus den Händen jener,
die es unterdrücken wollten.

JONATHAN Und was noch?

DER BOTE Am schlimmsten bedrängten uns die Philister.
So groß war ihr Heer, daß niemand es zählen konnte.
Nur so viel wußten wir: Dreißigtausend Kriegswagen
besaßen sie, alle mit Wagenlenker und Bogenschütze
bestückt. Außerdem besaßen sie Waffen aus Eisen. Bis
heute gibt es keinen Schmied in unserem Land, denn
die Philister wußten es zu verhindern, daß auch wir
die neuen Waffen aus Eisen besitzen. Und wenn einem
Landmann die Pflugschar, die Haue, das Beil, die Sense
stumpf werden, so muß er sich an einen Philister
wenden, daß er ihm seine Geräte schärfe. Aber auch die
Philister schlug dein Vater und trieb sie in die Flucht,

als sie sich aufgestellt hatten zu Michmas, beinah so
viele wie Sand am Rande des Meers, so daß unsere Leute
vor Angst sich verkrochen in Höhlen und Felsspalten.
Doch Gott war mit Saul und stiftete auf einmal Verwir-
rung unter den Feinden, und Panik entstand unter
ihnen, ein großes Getümmel, und sie hieben in ihren
eigenen Reihen wild aufeinander ein. Dann flohen sie
und ließen ihr Lager auf.

JONATHAN Und was noch?

DER BOTE Was noch, was noch. Dann war da noch die
Schlacht gegen die Amalekiter. Auch diese Eindringlinge
hat dein Vater zurückgeschlagen und vernichtet. Wenn
auch nicht bis auf den letzten, der gegen die Wand
pißt. König Saul ist eine jähe Seele. Einmal langmütig
und sanft. Ein andermal unduldsam und aufbegehrend.
Nicht immer trifft er gelassen seine Entscheidung.

JONATHAN Mein Vater ist der tapferste Krieger im Land.
Er ist der klügste Verwalter und der gerechteste Richter.
So einen König hat kein anderes Volk auf Erden.

SAMUEL UND SAUL

Samuel tritt ein durch den linken Durchgang.

SAMUEL Was hast du getan, König Saul? Warum hast du
nicht auf mich gewartet zu Gilgal? Zur Unzeit hast du
das Brandopfer gebracht und durftest es nicht ohne den
Segen des Priesters.

SAUL Mein ängstlich Volk zerstreute sich, die Leute liefen
auseinander. Ich mußte sie binden und wieder zusam-
menführen am Opferaltar.

SAMUEL Konntest du nicht meinen Beistand erwarten?
So wird dein Reich nicht bestehen.

SAUL Was habe ich Falsches getan? Die besten Tiere
habe ich dem Herrn geopfert, und darben mußte mein
Volk –

SAMUEL Halbverhungerte Männer haben die Beutetiere
mit den bloßen Zähnen gerissen, bevor sie noch ausge-
blutet waren. Gibt es einen schlimmeren Frevel im Krieg?

SAUL Als ich es sah, befahl ich sogleich, den Opferaltar
herzurichten –

SAMUEL Deine Befehle schwirrten durcheinander wie ziellos geschossene Pfeile.

SAUL Ich fragte Gott um Rat. Doch er gab mir keine Antwort. Er antwortete nicht.

SAMUEL Fragst du noch, weshalb? Du zogst gegen die Amalekiter und schlugst sie in harter Schlacht. Doch Agag, ihren König, hast du verschont.
Hatte dir Gott nicht befohlen, das ganze Volk auszurotten mit Stumpf und Stiel, mit König, Weibern, Kindern, allem Getier?

SAUL Viele habe ich getötet, den König gefangengenommen, viele vertrieb ich.

SAMUEL Du hast dem Herrn den Gehorsam verweigert: ausrotten, alle!

SAUL Samuel, höre mich. Es ist wahr: Mein Gehorsam war nicht gleich stark wie meine Hand. Ich bin ausgewichen. Es hat mich gedauert der stolze König Agag. Weshalb zerschlagen eine so schöne Gestalt? Gefehlt habe ich. Gott verzeihe mir.

SAMUEL Gott sprach zu mir in der Nacht: Samuel, Samuel, höre! Es reut mich, daß ich Saul zum König gewählt habe.

SAUL *(schreit)* Nein! Sprich nicht so! Du lügst!

SAMUEL Du schrei nicht! Ich schrie in den Stunden der
Nacht zu Jahwe.
So schwer ist mein Leid, daß Gott es reut, dich erwählt
zu haben.
Am Morgen ging ich allein ins Lager der Amalekiter und
schlug dem gefesselten König das Haupt ab.

SAUL Hilf mir, Samuel, ich habe mich versündigt. Ich will
umkehren und Gott anbeten. Laß uns zum Herrn gehen
und bitten, daß er mich schützt. Laß uns gemeinsam
flehen um unser Königtum.

SAMUEL Gott hat dich verworfen, König Saul. Fortan wirst
du ohne seinen Beistand dein Land regieren. Falsch
und unklug von Anbeginn war der Bund, den das Volk
Israel schloß mit dem Herrn, als es nach einem König
verlangte. Jetzt seht ihr, wen ihr bekommen habt: Allein
und unbeholfen steht er vor euch, von Gott verlassen.
Euer Gesalbter, euer Führer, euer Fürst, der Eine, der
Einzige! Euch ist entzweigegangen der Eine.

Samuel wendet sich zum Gehen.
Saul wirft sich auf die Knie, ergreift einen Zipfel von des
Propheten Gewand und reißt ihn ab.

SAUL Ich halte dich! Hilf!

SAMUEL Du hältst mich nicht. Zerr nicht an mir.
Du zerreißt mein Priestergewand.
Mein Amt ist aufgegeben. Alles ist getan und alles
verloren. Gehüllt in den Mantel, steig ich hinab zu
den Vätern. Es friert mich sehr. Nach Erde schmeckt
es im Mund.

Er dreht sich noch einmal in die Szene:

Hier kommt einer, der wird dir helfen, wenn dich der
böse Geist befällt und Düsternis in deine Seele dringt.
Hier kommt der Harfner David aus Bethlehem, der Sohn
Isais, er wird dich trösten mit seiner Musik.

*Im mittleren Durchgang erscheint David, ein junger Mann
mit rundem Gesicht und rotblondem Lockenhaar. Bei seinem
Auftritt fällt ihm der Gürtel vom Leibrock.
Jonathan springt herbei und hebt ihn auf.
David beginnt auf der Lyra zu spielen, Saul richtet sich auf.*

SAUL UND DAVID

Saul auf seinem Thron.

SAUL Bist du nicht derselbe Knabe, der vor Jahr und Tag
den feisten Philister mit der Steinschleuder erschlug?

DAVID Ja, Herr, der bin ich. Ich habe den Goliath besiegt.

SAUL Das war damals kein ebenbürtiger Kampf.

DAVID Nein, Herr.

SAUL Schlauheit hast du bewiesen, aber keinen Mannes-
mut.

DAVID Ich war ihm ja nicht gewachsen.
Du selbst hattest zuerst mir den Waffenrock umgelegt,
einen Helm aufs Haupt gesetzt und den Panzer um
die Brust geschnallt. Aber ich konnte nicht gehen. Ich
stolperte über mein Schwert. Nun, ich legte also den
Waffenrock ab, nahm meinen Stab und die Schleuder
und fünf glatte Steine.

SAUL Es ist gut. Ich kenne die Geschichte.
Du prahlst gerne.

DAVID Nein, Herr.

SAUL Wie kommst du an meinen Hof?
    Wer fand dich?

DAVID Samuel fand mich auf der Weide, Herr, als ich die
    Schafe meines Vaters hütete.

SAUL Samuel fand dich. Wen suchte er denn?

DAVID Er suchte jemand, der das Saitenspiel beherrscht.

SAUL Vielleicht suchte er nach einem, der noch etwas
    mehr kann.
    Ich kenne diesen Sucher auf den Weiden.

DAVID Davon weiß ich nichts, Herr. Ich bin nur dein
    Musikant.

SAUL Dann spiel auf deinen Saiten, Junge.

    David spielt auf seiner Lyra und singt dazu.

    Singe nicht.

    Er lauscht der Musik.

    Oh, es tut mir wohl. Deine Musik erfreut mich,
    mein Junge.

Im Volkskasten ein Murmeln: «Saul hat tausend erschlagen, David aber zehntausend.»

SAUL *(im Sprechgesang zur Musik)* So spricht der Herr Zebaoth: Ich habe dich genommen von den Schaf-hürden, damit du Fürst über mein Volk Israel sein sollst. Du sollst mein Volk Israel weiden und selbst Fürst sein über Israel.

Unvermittelt ergreift Saul seinen Wurfspieß und schleudert ihn gegen David.
Der springt auf und weicht zur Seite.

SAUL Du hinterhältiger stinkender Schafsknecht! Laß ab von meinem Sohn!
Du kannst nicht Freund sein mit Jonathan. Ich verbiete es. Du kommst von zu tief unten.
Kehre zurück an deinen Platz und spiel weiter.

Nach einer Weile des Zuhörens und der Besänftigung stimmt er die Wehklage aus Prediger Salomo, 10 an:

«Weh dir, Land, dessen König ein Kind ist und dessen Fürsten von früh an essen.»

DAVID UND JONATHAN

DAVID Was habe ich getan, daß dein Vater mir übelwill?
Weshalb wirft er den Speer nach mir?
Ist mir nicht aufgetragen, ihn zu zerstreuen und seine
verwundete Seele zu heilen mit Harfenmusik?
Warum will er lieber, daß ich sterbe?

JONATHAN Er wird dir kein Haar krümmen. Mein Vater
tut nichts, bevor er mir nicht anvertraut, was er tun will.
Er verbirgt keinen Gedanken vor mir.

DAVID Er verbietet, daß wir Freunde sind.

JONATHAN Ich tausche die Kleider mit dir. Ich will einen
Bund schließen mit David.

DAVID Jeder Schritt näher zu dir bringt mein Leben in
Gefahr.
Ich fürchte, daß mich sein Speer durchbohrt. Er spießt
mich auf!
Ich kann mich nicht wehren. Dann lieber töte du
mich.

JONATHAN Höre, David. Der Geist des Herrn wich von
König Saul. Und ein böser Geist ist eingezogen in sein
Herz. Mißtrauisch und unruhig blickt er um sich.

Aber wenn du ihm aufspielst, so rastet er, wird milde und gütig.

DAVID Doch nach dem letzten Ton, die Saite klingt ja noch, schon wütet er wieder und schleudert den Speer gegen mich.

JONATHAN Vertrau mir, David. Wenn ich ihn nur wispern höre, daß er etwas Böses vorhat und dir ein Leid geschehen soll, ich will es dir zur rechten Zeit zutragen und dich beschützen.

DAVID Also würdest du deinen Vater verraten, um deinen Freund zu retten?

JONATHAN Du bist mir lieb, und deshalb werde ich dich hüten wie meine eigene Seele.

DAVID Dann hilf mir schon jetzt, Jonathan. Morgen ist Neumond, und ich bin geladen an die Tafel des Königs. Ich fürchte mich aber, mit ihm allein zu sein im großen Festsaal, ungeschützt. Deshalb will ich mich verbergen drei Tage auf dem Feld. Ruft er dich dann zu Tisch und fragt nach seinem Knecht David und klagt, daß kein Saitenspiel zu hören ist, so sprich zu ihm: David, dein Knecht, geht in Bethlehem seinen Pflichten nach und ist in seine Stadt gegangen, um seinem Vater das Opferfest zu richten. Nickt dann der König huldvoll und sagt, es

ist gut, daß David sich sorgt um seinen alten Vater, dann
ist erwiesen, daß er nichts Böses wider mich im Sinn hat.
Ergrimmt er aber, bebt vor Zorn und schreit nach mir,
dann zeigt es sich, daß mir Gefahr droht und er mir übelwill.

JONATHAN Ich werde meinen Vater belügen, wie du es
mir vorgesagt hast.
Wie es ausgeht, davon sende ich dir ein Zeichen durch
einen Boten. Drei Pfeile trägt er in der ausgestreckten
Hand. Richten die Spitzen sich auf ihn selbst, so laß ich
dir sagen: Es herrscht Friede, keine Gefahr droht dir.
Sind aber die Spitzen gegen dich gerichtet, so laß ich dir
sagen: Kehr dich ab und flieh. Zieh deine Straße,
ich werde dich suchen.

DAVID Jonathan, mein Freund. Ist das die Wahrheit?
Mir zum Schutz wirst du den eigenen Vater so listig
hintergehen?

JONATHAN Was wir miteinander gesprochen haben,
das verschließt Gott der Herr zwischen dir und mir.
Geh nun aufs Feld und setze dein Lager nahe dem
Stein Asel.

David verneigt sich und kehrt sich zum Gehen.

JONATHAN Und wenn du einst König bist über Israel,
so will ich dein Waffenträger sein.

DAVID Wie redest du? Wachst du über deine Worte?

JONATHAN Ich weiß, wer du bist, David.
Du bist ein Gesalbter.
Bevor Samuel starb, goß er das Ölhorn über dein
Haupt.

DAVID Nicht davon sprechen. Wie kannst du so leicht-
fertige Worte gebrauchen!
Du sagst ja nicht weniger als: Ich will auf den Thron
meines Vaters nicht folgen.
Oder weißt du gar nicht, was du gesagt hast?

JONATHAN Ich sagte, ich will dir nahe sein und dir dienen,
wenn du einst König bist.

JONATHAN UND SAUL

Die Tafel.

SAUL Wo bleibt mein Harfner?
Ist dein Freund schon so ein mächtiger Freund, daß er
dem König Geduld abfordern darf?

JONATHAN David bat, daß er für drei Tage nach Bethlehem gehe und dort mit den Seinen das Opferfest bereite,
wie es sein Bruder ihm befahl.

SAUL Der Bruder befahl? Der König lud ja nur zu Tisch.
Gilt seine Einladung nicht als Befehl?

JONATHAN Er bat um Gnade, daß er sich um den alten
Vater sorge und am Tag des Neumonds nicht mit dir
speise.

SAUL Du bist sein Knecht. Du küßt ihm die Füße.
Des Königs Sohn – eines Hirtenjungen Dienstmann.
Mißachtest deinen Rang, begibst dich in Gefahr, miß-
achtet zu werden von denen, die dir dienen sollen.
Willst du, ein Abhängiger, ein Höriger, gefesselt und
geblendet von einem kleinen niedrigen Mann, den
Thron von Israel besteigen?

Ich will den bösen Zauber von dir reißen, ich will euch
endlich trennen.
Ruf ihn zu mir, den hinterhältigen, süßmäuligen
Schmeichler. Auseinander mit euch!
Ich will euch spalten, wie ich dem Feind das Haupt vom
Rumpf abteile.

JONATHAN Du willst David töten lassen? Warum? Was hat
er dir getan, Vater?
David ist mein Freund. Ich werde ihn schützen und ihn
vor jedem Übel bewahren, das du für ihn ersinnst. Eher
erwürge ich dich. Du Herrscher, der nicht herrschen
kann.

Saul springt auf und sinkt dann auf den Sessel zurück.

SAUL *(murmelt)* Wenn jetzt der Tod käme, ich würde nicht
nein sagen …
(mit verstellt milder Stimme) Der Harfner ist nicht da.
Es fehlt mir der Mensch und die Musik. Das Saitenspiel,
das mich besänftigt und das mich tröstet. Da sind etliche
um mich, die sehen mich schief an und prophezeien
meinen Untergang. Doch ich gehe geradeaus vorbei und
sage jedem: Dein Blick berührt mich nicht mehr. Denn
mein Gang ist ausgerichtet nur auf einen einzigen, das
ist mein Sohn.

JONATHAN Der Sturm hat die Eiche gezaust. Ein großes
Büschel frisches Grün hat er ihr vom Haupt gerissen.
Denn Sturm ist Wut und immer nur die blinde Wut.

SAUL Mein Herr und Gott: Warum hast du diesem schönen und geraden Sohn keinen gemäßigten Vater gegeben? Er ist doch mein einziger Halt. Er trägt mich aus
den Trümmern des Lichts. Wie nur den Kindern Israels
Gott es bewilligt, so einig sind wir Vater und Sohn und
verließen das Lager der halbherzigen Liebe, entfernten
uns von den Lauen und Habgierigen –

JONATHAN Weshalb hast du David zum Feldherren berufen, ihn ausersehen unter all deinen Kriegsleuten zum
Anführer? Damit er als strahlender Sieger heimkehrt,
deinen Ruhm vermehrt, dein Reich vergrößert? Das
nicht. Sondern weil du hofftest, er fällt von der Hand
unserer Feinde. Denn das hätte dir die Schmach erspart,
ihn selbst zu töten.

SAUL Klug verhält sich der Bethlehemit und schlägt die
Philister ein um das andere Mal. Drängt sie an den
Grenzen zurück, wenn sie wieder versuchen, ins Land
einzufallen und unsere Städte zu plündern.

JONATHAN Weiter noch, Vater. Mehr noch. Tausend
Vorhäute der Unbeschnittenen bringt David dir, wie du
verlangt hast als Mitgift, daß er meine Schwester Michal

zur Frau nehme. Warum? Damit du einen wahren Helden zum Tochtermann bekommst? Das nicht. Sondern du hoffst, daß ihn die Wollust ergreife und seinen Kopf verwirrt, so daß er in der Schlacht unvorsichtig kämpft, eine leichte Beute den Feinden. Mit jedem Gedanken stellst du ihm nach, mit jedem Befehl schickst du ihn in eine Todesfalle.

SAUL Staunen muß ich, mein Sohn. Wer mag dich treuherzigen Menschen so verdorben haben, daß er den eigenen Vater kaltblütig verleumdet?
Was ich befehle oder nur denke im Stillen, immer neigt sich's zu dir, und dir zuliebe geschieht's, auf daß nicht einer dir so nahe komme wie ich, dem du folgen wirst auf dem Thron, der künftige Herrscher über Israel.
O wären wir Baum und Zweig, du würdest wachsen, ohne mir davonzuwachsen.

JONATHAN David ist der Gesalbte. Und war es schon, bevor er dein Haus betrat.
Denn Gott hat seinen Geist von dir genommen.
Längst ist David bestimmt, und das Volk wünscht ihn zum König. Anders als dich, von dem das Volk nicht weiß, wie es ihn loswerden kann.

SAUL Ich sehe das schöne Gesicht meines Sohns von Niedertracht und Bosheit verzerrt. Ich sehe den einzigen Menschen, den ich liebe, sich winden wie ein Wurm

um das erbärmliche Wort: David, David. O mein Herr
und Gott, ich sehe den hohen Sohn zum gewöhnlichen
Freund eines gewöhnlichen Mannes gesunken. Ich,
der in sein Blut legte, was nur ein Gründer besitzt und
vergeben kann, ein Stifter, ein Erster, ein Ursprung, denn
der bin ich. Ich, der ihn ausstattete mit den Gaben des
tapferen Führers, der ihn von Kindesbeinen an gefestigt
und aufgerichtet hat zum Herrn, ich soll nun sehen den
Sohn gewöhnlich geworden wie eine Volksstimme unter
anderen. Da erhebt voll Bitterkeit der Vater die Faust
gegen seinen Erben und ruft ihm zu: Gib mir meine
Teile wieder! Du hast meine Blutgaben mißachtet,
verschleudert, verhöhnt, denn dich selbst hast du vergeben an einen unwürdigen Mann.

JONATHAN Viel hast du gegründet in mir, mehr noch hast
    du zerstört.

SAUL David stahl mir den Erstgeborenen.
    Halt! Du tust den falschen Schritt, so denk ich vor jedem
    Schritt.
    Immer an mein Fehlgehen denk ich beim Gehen.
    Niemand, der rechtgeht, denkt dabei an sein Recht-
    gehen.
    Tät er's, wär's sein erster Fehltritt.
    Ich fürchte mich vor seiner Richtigkeit. Seine Helligkeit
    sticht mir ins Auge.
    Wie furchtbar er strahlt! Die Weiber spreizen die Knie,

sie wiehern vor Lust, wenn er vorbeikommt. Ich aber verbringe meine Tage verhüllt, gehe in Keuschheit und in Unterwürfigkeit. Unterwürfig nicht einem Sieger in der Schlacht – den kenne ich nicht! –, unterwürfig allein dem gierigen Gott, dem maßlos Gewaltigen, der da verströmt Zärtlichkeit und Grausamkeit, Wundertat und Blutgericht, Herr, der mich rief, nur um mich zu vernichten. Denn mag ich auch demutsvoll knien, immer nur würgender wird seine Umklammerung.

JONATHAN Du kreist um dich selbst wie eine abgerissene Rose im Flußstrudel.

SAUL Der Mensch ist so klein – ein Wassertropfen kann ihn erschlagen.

JONATHAN Du ißt nicht, Vater. Du bist dürr und lang wie dein Speer.

SAUL Ich warte auf meinen Gast. Ich bin so hoch und dünn wie mein Speer.

JONATHAN Du vernachlässigst dich, Vater. Es mangelt dir an täglicher Pflege und Sorgfalt.
Du läßt auch die Mahlzeiten aus. Nun iß, Vater. Ich bereite dir das Mahl, etwas Kleines mußt du essen, sonst sinkst du vor Schwäche in den Staub.

Jonathan füttert Saul.

SAUL Mit ihm hätte ich heute getafelt und getrunken.
Denn er ist ein schöner Mensch.
Und hätte sogar zu seiner Harfe gesungen. Ja, ich hätte
ein Lied gesungen, ich!
Und dann hätte ich getanzt und gesungen mit ihm.

JONATHAN Ja, Vater, freue dich an ihm. Iß mit ihm,
genieße seine Gesellschaft und wiege deinen Leib zur
Musik.

SAUL Er ist nicht da! Er ist nicht da! Er ist nicht da!

JONATHAN *(ruft durch die mittlere Zeltöffnung)* David soll
leben! David soll heimkehren!
Bote, hol ihn vom Feld!

SAUL Vom Feld? Wie? Vom Feld?
Sagtest du nicht, er sei gereist in seine Heimatstadt?
Hieltst du ihn versteckt vor mir?
Ich habe vielleicht die Rolle des Verhöhnten noch gar
nicht gut gespielt, wie?
Ich habe den Hohn, der mir aus jeder Ecke meines
Hauses entgegenschallt, vor lauter Liebe und Güte noch
gar nicht richtig vernommen?

Er schleudert den Spieß gegen Jonathan, der ihm ausweicht.

JONATHAN *(erschrocken)* Vater … ich bin's … Jonathan.
Was tust du?

SAUL Ah! Du sprichst. Du sprichst. Du bist jetzt kein Tier
mehr?

JONATHAN Ich war nie ein Tier.

SAUL Was ist man, wenn man kein Tier mehr ist? Eben
noch sah ich auf den Rücken eines Schakals, neben mir
an der Tafel, mit blutigen Striemen überzogen … Du
bist jetzt kein Tier mehr, nein? Du bist mein Sohn. Siehst
du. So ist es nun. Ein Getäuschter täuscht sich immer
weiter.

JONATHAN Kaum erkenn ich dich noch, Vater, inmitten
deiner Plagen.
Ein Kranz von Irrlichten schwebt um deine Stirn.

SAUL Gott hat mich verworfen, Jonathan. Er läßt nicht ab,
er straft seinen Knecht noch, wenn er kniet und bereut.
Seine Pfeile durchbohren meine Stirn, meine Gedanken
gehen in Flammen auf.
Es ist, was ich weiß, furchtbar. Ungemildert und stetig
muß ich es wissen. Kein Weib, keine Blume, keine Kunst
dämpft es. Kein Gott unterbricht es. Höre, Jonathan:
Ich werde bald nicht mehr gescheit sein. Ich werde bald
nicht mehr sagen können, wer ich bin und was mit mir

geschieht. Die Wüste steigt mir in den Schädel. Hinter der Stirn nichts als Staub und Geröll. Dann werde ich vergessen, alles vergessen, auch das Leben mit dir, meine schönste Zeit. Und wenn du mich dann etwas fragst, steh ich starr und stumm wie die Salzsäule vor dir. Aber glaub mir, bitte: Ich werde dich noch sehen, und ganz tief in mir werde ich laut rufen nach dir.

JONATHAN *(zum Boten)* Bote! Geh aufs Feld und such David beim Stein Asel.
Wenn du ihn triffst, zeig ihm diese drei Pfeile und so, daß die Spitzen auf ihn gerichtet sind.
Hast du es verstanden?

DER BOTE Ja, Herr. Da es David ist, so wird er mich schonen, falls ich Überbringer schlechter Nachrichten bin.

DAVID UND SAUL

Vor einer Höhle in den Bergen.

DAVID Saul! König von Israel! Warum jagst du mich?
Tritt vor die Höhle, damit ich knie im Angesicht meines
Königs. Zeige dich mir! Du verfolgst mich wie einen
Floh in der Wüste, oder wie man ein Rebhuhn jagt
in den Bergen, so läßt du nicht von mir. Wiederum
schlug ich ein Heer der Philister und suchte Zuflucht
in der Stadt Kegila. Du aber kamst und kämpftest nicht
wider die Feinde, sondern um mich einzuschließen,
zu umzingeln deinen besten Streiter in der Stadt Kegila.
Ich entkomme dir abermals und fliehe in die Wüste
Maon. Über die Hügel in der Abendsonne ziehen dreihundert Schatten herauf, ausgehungert alle wie ihr Feld-
herr, König Saul, die suchen nach mir. Ich fliehe weiter,
fliehe immerzu vor deinem Töten.
Tritt hervor, König Saul! Die letzte Nacht verbrachten
wir gemeinsam in dieser tiefen Höhle. Meine Männer
und ich im Hintergrund des Gewölbes, du vorne und
schliefst und bemerktest unser Lager nicht. Meine
Männer sagten: Das ist die Stunde, davon der Herr dir
gesagt hat: Siehe, ich will deinen Feind in deine Hände
geben, daß du mit ihm tust, wie dir gefällt. Und ich stand
auf und ging zu deinem Lager, wo du schliefst. O Gott

der Herr kann nicht wünschen von mir, daß ich Hand
an einen Gesalbten lege! Da schnitt ich leise eine Falte
aus deinem Rock. Komm heraus und sieh, daß ich dich
geschont habe.

Saul erscheint unsicher im Höhleneingang.

SAUL Ist es nicht deine Stimme, die mich ruft, mein Sohn
David?
Liegen da um dich herum deine Männer noch im
Schlaf?

DAVID Nein, Herr. Es ist deine Wache. Ich erschlug beide,
weil sie deinen Schlaf so schlecht hüteten.

SAUL O David, Liebling von allem Volk, wie bist du
gerecht, und jedwedes ist richtig und gerade an dir.
Ich aber bin ein schiefer Mann. Du hast mir Gutes
bewiesen, und ich wollte dir Böses tun.
Aber bin ich nicht euer Opfer? Habt ihr euch nicht
verbunden wider mich? Selbst mein Sohn Jonathan hat
mich verraten. Warum hast du meinen Sohn wider
mich aufgewiegelt? Wie sollte ich noch König sein,
wenn ich nicht strebte, die gemeine Verschwörung zu
entdecken und die Verräter zu bestrafen?

DAVID Halt an, König Saul! Du verkehrst ja den Spieß.
Du verfolgst mich, nicht ich verfolge dich. Du willst
Herr über mein Blut sein, ich über deines nicht.

SAUL Du bist gerecht, mein Freund. Du schonst deinen innigsten Widersacher. Niemals besäße ich die Kraft, dich, wenn Gott dich in meine Hand gäbe, zu schonen und unversehrt deine Straße ziehen zu lassen. Gott hat mir die Großmut versagt und mir auferlegt, nicht verzeihen zu können.

DAVID Ich kann das.

SAUL Daher ist gewiß, daß du König sein wirst über Israel. Gesegnet seist du, mein künftiger Fürst. Möge der Herr dir Frieden schenken und dich auf deinem Weg bewahren vor Schwermut und Jähzorn. Schwöre mir aber, mein Sohn, daß du deine Macht nicht mißbrauchst, meinen Namen von meines Vaters Haus zu tilgen. Denn ich war da, mich hat es gegeben.

DAVID Ich schwöre es.

SAUL Nun zieh deine Straße. Ich verfolge dich nicht mehr.

David steckt Sauls Spieß in die Erde.

DAVID Hier ist deine Waffe, der Wurfspieß des Königs, den du gegen jeden schleuderst, der dich liebt.

SAUL BEI DER HEXE VON ENDOR

Der Glaskasten ohne Volk. Darin links die Hexe von Endor,
eine junge Frau, von einem Umhang verhüllt. Ihr gegenüber
auf der rechten Seite Saul in Hirtenkleidung. In der Mitte zwi-
schen beiden dringt aus einem Spalt im Boden dünner Rauch.

DIE HEXE VON ENDOR Was willst du, Schafscherer? Es ist
vorbei. König Saul hat die Zauberei und das Wahrsagen
verbannt, das Handwerk ist verboten. Ich darf nicht
mehr. Nach dem Gesetz werde ich bestraft mit dem
Tod, wenn ich nur ein Mal unter die Erde rufe. Sieh den
müden Rauch über dem Spalt. Da steigt seit langem
kein Toter mehr auf. Ich kann nichts mehr, ich weiß
nichts mehr. Laß mich in Frieden. Kann dir zur Not ein
bißchen Bauchreden bieten. Das ist nicht verboten.

Sie öffnet ihren Umhang und streicht über ihren entblößten
Bauch. Dann spricht sie mit Bauchrednerstimme jene zuvor
schon vom Volk gesprochene Zeile aus dem «Lied der Frauen»:

Saul hat tausend erschlagen, David aber zehntausend …

SAUL Sei still! Schweig!
Ich bin nicht gekommen, den Marktplatz grummeln
zu hören aus einem Frauenleib.
Weissage mir!

DIE HEXE VON ENDOR Gefalle ich dir nicht, wie ich bin?
Weshalb willst du mich in die Todesfalle locken?
Willst du mich wirklich den Häschern des Königs aus-
liefern?

SAUL Du Schöne, ich schwöre bei Gott, daß alles, was du
tust, nach meinem Wunsch beschlossen bleibt zwischen
dir und mir.

DIE HEXE VON ENDOR Siehe, Schafscherer, was übrig-
blieb vom Glühen der Sibylle, die ihre Kräfte nicht mehr
gebrauchen darf, nicht zittern noch stöhnen, nicht sich
winden und nicht brüllen, erschüttert von den Geistern,
die sie rief. Eine Verstoßene, weit draußen vor der Stadt,
die gastfrei jeden kranken Mann bei sich aufnimmt, der
sich in der Nacht verläuft zu ihrem wüsten Ort.

SAUL Nennst du mich einen kranken Mann?

DIE HEXE VON ENDOR Krank bist du an deiner Seele.
Ich sehe es ohne Voraussehen. Ich sehe nichts voraus.
Höre, mein Gast, ich will dir Trank und Speise bereiten
und ein warmes Lager für die Nacht.

SAUL Ruf ihn herauf! Ruf ihn, nach dem ich verlange!

DIE HEXE VON ENDOR Rufen? Wen? Ruf herauf …
was ist gemeint?
Wie sprichst du? Ich verstehe deine Worte nicht.

SAUL Ruf Samuel! Zieh mir den Propheten aus der
Erde.

DIE HEXE VON ENDOR Du bist Saul.
Warum hast du mich betrogen?
Jetzt kannst du mich vernichten.

SAUL Nichts wird dir geschehen, wenn du tust, was ich
verlange.

DIE HEXE VON ENDOR Mit mir ist es aus. Der König selbst
vernichtet mich.
Ich bin noch jung. In einem Jahr ist vergessen, daß ich
einst Wahrsagerin war.
Dann werde ich frei unter die Leute gehen und mir
einen Mann suchen. Die Kraft, die ich besaß zum
Weissagen, liegt gefesselt in mir, und sie ist so groß,
daß ich damit den stärksten Mann lieben kann. Ja, sie
wird sich aus ihren Fesseln erheben, und meine Liebe
wird mächtiger sein als alle Zauberei. Warum hast du
mich betrogen?

SAUL Sieh, dort aus dem Spalt quillt jetzt der weiße Rauch.
Immer dichter schwebt er um uns.
Du wehrst dich vergeblich gegen die alten Mächte.
Je mehr du dich windest und weigerst, um so stärker
drängen sie in dir empor.

DIE HEXE VON ENDOR Es steigt ein Grollen und Brummen aus der Erde in meinen Mund.
Mein Schädel dröhnt von stürzenden Felssteinen.
Ich verstehe dich nicht mehr.

SAUL Laß nicht nach, Weib. Zieh Samuel herauf! Laß nicht nach.

DIE HEXE VON ENDOR Ich will es nicht … oh, ich will nicht. Gott sei mir gnädig – welch ein mächtiger Geist bahnt sich den Weg! O König, hilf mir, er wirft mich nieder, ein gewaltiger Mann …

Samuel erscheint, fast unsichtbar, im weißen Rauch.

SAMUEL Saul! Warum hast du mich unruhig gemacht? Saul! Warum störst du meinen Frieden?

Saul sinkt auf die Knie.

SAUL Samuel, hilf! Gott antwortet mir nicht mehr.
Nicht durch das Licht und nicht durch die Träume.
Ich habe dich gerufen, mein Prophet, der du mich salbtest und vor dem Volk mich gekrönt hast – ich rufe dich an, daß du mir rätst … Gott rät mir nicht mehr. Ich will wissen, wie ich mein Volk vor einem Unheil bewahren kann. Morgen schlagen meine Heere gegen eine Übermacht von Feinden. Bei Sunem stehen zehntausend

Philister bereit. Meine Leute stehen gesammelt vor
Gilboa, und es sind nicht mehr als zweitausend Mann.
Morgen ist aber der Tag der Entscheidung. Gib mir einen
Rat, wie ich die Unbeschnittenen dennoch besiege.

SAMUEL Gott ist von dir gewichen, Saul. Du sprichst wie
ein hilfloses Kind vor deinem unabwendbaren Schick-
sal. Wiederhole mir: Weshalb ist Gott der Herr von dir
gewichen?

SAUL Weil ich die Amalekiter nicht ausrotten wollte bis
auf den letzten, der an die Wand pißt, wie Gott der
Gerechte es befahl. Ich weiß es ja, und jeden Tag wird
bitterer mein Wissen. War's wirklich ein so schweres
Vergehen, um mich, den Gesalbten, in ewiges Unglück
zu stürzen?

SAMUEL Du zogst gen Nobe, zur Priesterstadt. Wardst
ergriffen vom Jähzorn und Verschwörungswahn.
Dreihundert heilige Männer ließest du dahinschlachten.
Dort hast du keinen verschont!
Der Herr wird an dir tun, wie er dir verkündet hat.
Er wird dir das Reich Israel aus der Hand reißen und
gibt es an David, den Sohn Isais.

SAUL Auch das weiß ich seit langem. Aber morgen …
morgen? Was wird morgen sein?
Verrate mir eine List gegen den Feind! Wo findet sich

der Ausweg, die Ungläubigen zu übertölpeln und in eine
Falle zu locken?
Bei Jabesch, weißt du noch, schlug sie der Herr mit
plötzlicher Panik …

SAMUEL Morgen? Vom morgigen Tag also weißt du
nichts?

SAUL Nein, nichts. Sei gnädig, großer Geist Samuel,
laß es mich wissen!

SAMUEL Wozu? Es würde dir nichts nützen.

SAUL Es gibt gewiß ein Mittel, den Feind zu verwirren,
seine Reihen zu durchbrechen und ihn aus dem Hinterhalt zu überrollen. Aber wo setze ich an?

SAMUEL Höre, Saul. Du sinnst vergeblich auf Kriegs-
glück.
Morgen werden fallen die Helden. Noch vor dem Abend
werden du und dein Sohn mit mir sein.

Samuel entweicht, der weiße Rauch löst sich allmählich auf.
Saul liegt ausgestreckt am Boden.
Die Hexe von Endor stellt eine gefüllte Eßschüssel vor ihn.

DIE HEXE VON ENDOR Du mußt essen, König Saul.
Schwach bist du und frierst. Du mußt zu Kräften

kommen, denn morgen brauchst du sie in der Schlacht.
Mich wirst du vernichten, wenn du überlebst.
Laß uns essen, König. Rosinenkuchen, Feigenkuchen,
Fleisch vom gemästeten Kalb.
Und wenn du gegessen hast und immer noch frierst,
so lege dich zu mir und wärm dich an mir.

SAUL Sieben Tage wirst du fasten nach des Königs Tod.

SAUL UND JONATHAN VOR DER
SCHLACHT IM GEBIRGE GILBOA

SAUL Nur David fehlt. Wo bleibt dein Freund?
  Warum steht sein Heer nicht bei dem unseren?
  O dieser helle schöne Mann, dir lieb wie ein Engel –
  ein übler Verräter ist er.
  Ein Vertrauter, ein Gespiele des Königs von Gath.

JONATHAN Wie sollte es anders sein? Du, Vater, hast ihn
  vertrieben ins Land unserer Feinde.

SAUL Du weißt also, daß dein Freund nun Freund ist dem
  Philister-König von Gath. Und dient ihm als Leibwächter
  und zuweilen als Heerführer.

JONATHAN In der Not wird er uns beistehen. Und wenn
  das Heer der Philister uns schier erdrücken will, so
  wird auf dem Kamm des Gebirgs David, unser Befreier,
  erscheinen, sich niederstürzen ins Kampfgewimmel und
  schrecklich wüten in den Reihen der Unbeschnittenen.
  Dein Mißtrauen zerschneidet jeden Bund. Du wühlst
  in der Seele eines Getreuen und findest nur Lüge und
  Betrug.

SAUL Gewöhnlich befiehlt er eine Bande von Söldnern.
  Gebietet über Gesetzlose und Ausgestoßene, die plün-

dern und brandschatzen an der Südgrenze des Philister-
reichs.

JONATHAN Was glaubst du: Wozu dienen diese kleinen
Vergehen? Doch nur, um keinen Verdacht zu lenken
auf seine scheinbare Treue zu den Männern von Gath.
Verstehst du seine Listen nicht?

SAUL Ich verstehe niemals einen Verräter. Jede Tücke,
die er anwendet, macht zweideutiger sein Handeln
immerzu. Verstehen werde ich nie: Wie kann ein solch
Zwiegesichtiger zum Liebling des Volks werden? Alle
vermag er zu täuschen. Nicht nur dich, seinen besten
Freund. Und jeder glaubt, daß seine Siege, denen nie die
groß gewagte Schlacht vorausging, Zeichen von Gottes
Zustimmung seien. Allein des Achis' Feldherren waren
etwas klüger als ihr König. Sie zwangen ihn schließlich,
den unsicheren Gast fernzuhalten von den kämpfenden
Heeren.

JONATHAN Und dennoch wird David kommen über
den Hügel gen Abend und uns heraushauen aus dem
Gemenge von Feinden.

SAUL Vom Hügel hier seh ich den Tatzelwurm der Mar-
schierer, seh ich in endlosen Heerscharen vorrücken
den Feind. *(Leise)* Vom Hügel aus seh ich Ruin. Heut
ziehen wir in den Tod, mein Sohn.

JONATHAN Was sprichst du so zaghaft, Vater? Hast du
nicht – im Anfang – viele Male errettet Israel aus der
Hand aller, die es besetzen und demütigen wollten?
Warst du nicht – im Anfang – der tapferste Krieger
in jeder Schlacht und bliebst niemals hintan, wenn
Gefahr drohte?

SAUL Doch niemals habe ich den Feind so restlos vernichtet, wie Gott es befahl. Warum? Weshalb brach ich ab
und hielt an mit dem tödlichen Strafen? Milde und Erbar-
men waren es nicht, die mich den Rest der Geschlagenen
verschonen ließen. Eine heimtückische Krankheit war's.
Kaum sah ich dem Sieg entgegen, lähmte mich Schwermut, befiel mich die Unlust zu töten.

JONATHAN Nachdenklich sollte kein Krieger in die
Schlacht ziehen. Es ist jetzt die Stunde, daß wir zu-
schlagen und nicht in trübe Gedanken versinken.

SAUL Die Philister drängen wie immer von Westen heran.
Sie ziehen von der Küste zum Gebirg.

Sie sehen beide auf eine Feldkarte.

Ich ließ ein vorderes Heer hier aufstellen, das die
Andrängenden mit geringem Scharmützel ablenken
soll und darauf hier in eine Talenge locken …

JONATHAN Aber die Vorhut steht zu weit entfernt von
den einfallenden Truppen. Sie schicken Reiter und Streit-
wagen voraus, die schneller sind als unser Fußvolk.

SAUL An dieser Stelle ist ihnen nicht näher zu kommen,
ohne Gefahr, daß unsere Leute von ihnen überrannt
werden.
Wenn du es aber besser verstehst: Willst du unseren
Untergang befehligen?

JONATHAN Ich stürme mit meinen Leuten etwa an dieser
Wegbiegung den Reitern entgegen, während zugleich
von den Berghängen ein zweiter Trupp über sie herfällt,
sie von den Nachrückenden trennt und ihnen den Rück-
zug verwehrt.

SAUL Ich zaudere nicht. Laß Schwerter und Waffenrock
bringen. Nun teilen sich unsere Wege. Führ deine Leute
mit Strenge – ich die meinen. Bis unsere Heere sich
wieder vereinen im Sieg und ein Mal endgültig vernichtet sind die Scharen der Frevler und Ungläubigen.
Recht will ich's dir machen, mein Sohn. Und recht
meinem Volk und dem Land meiner Väter.

Beide ab.

Licht auf die Hexe von Endor, die am Glaskasten lehnt.

DIE HEXE VON ENDOR In der Zeit meiner Not suche ich
den Herrn;
meine Hand ist des Nachts ausgestreckt und läßt nicht ab;
denn meine Seele will sich nicht trösten lassen.
Langes Warten hat mich geformt, und ich bin wie eine
Puppe aus Holz.
Während die Schwachen erstarkten, wurde ich schwach.
Ich werde hin- und hergeworfen wie eine Welle am
Strand.
Mein Herz flattert auf und ab gleich dem Vogel des
Himmels.
Ich klage wie eine Taube Nacht und Tag.
Denn von Weh und Ach ist mein Inneres ganz erfüllt.

Was habe ich getan, allmächtiger Gott, als ob ich dich
nie gefürchtet hätte?
Löse meine Sünde, meine Missetat, meinen Frevel.
Übersieh meine Verfehlung, nimm mein Gebet an.
Löse meine Fessel, bewirke meine Befreiung.
Leite meine Pfade recht, daß ich glänzend wie ein
vornehmes Weib unter den Menschen meine Straße
ziehen kann.
Laß meine Fackel, die erlosch, wieder leuchten!
Meinen Pferch sich weiten, mein Kohlebecken,
das jetzt schwarz ist, wieder aufglühen!
Laß meine Bitten, mein Flehen zu dir gelangen,
laß deine Gnade bei mir sein.

SAUL NACH DER SCHLACHT

Saul sitzt auf einem Felsstein vor der Leiche Jonathans.

SAUL Was reckst du deinen Arm und hältst die Hand,
als wolltest du noch beten?
Wie willst du beten mit nur einem Arm? Der andere
ist zerhauen.
Menschen waren wir, jetzt nur Gebein.
Doch daß du vor mir liegst und lebst nicht mehr,
erschlagen und verstümmelt, mein schöner Sohn –
das ist mehr Rache meines Gotts als mir gebührt.
O Jonathan – wie Feuer loderte dein blankes Schwert
durch ihre Reihen
und trennte Kopf vom Rumpf den Unbeschnittenen.
Du rechnetest nicht mit ihren Bogenschützen aus dem
Hinterhalt.
Und ich sah nicht, daß sie die Schlacht schnell vorver-
legten und in der Ebene schon entscheiden wollten.
Ein Fehler war's, mein letzter.
Vielleicht, ich hätte zuletzt, allein, einen übermütigen
Feldherrn noch erschlagen, doch schwand mir jäh die
Kraft, die Wut, nachdem du fielst, mir war zu düster.
Der König ist seit langem müd. Erschöpft von Gott,
der ihn nicht liebt, hat er ein langes Ausruhen nötig.
Ich habe nur für deinen Thron gestritten, obgleich du
mir nicht folgen wolltest.

Vielleicht ist enden von uns allen nun das Beste.
Der erste König meines Volks war ich – Gottes falsche
Wahl.

Es erscheint der Bote.

DER BOTE Da nun die Philister sich nicht in die Falle
locken ließen,
vielmehr die Schlacht eröffneten weit vor den Bergen –

SAUL Focht David in ihren Reihen mit? Sahst du im Angriff
David aus Bethlehem reiten?

DER BOTE Nein, Herr.

SAUL Ich meine, David rückte doch heran, um ihren
südlichen Flügel abzusichern?

DER BOTE Kein David, keiner seiner Leute kam mir in
der Schlacht zu Gesicht.

SAUL Ich bin verwundet, Waffenträger. Zieh dein Schwert
und töte mich.

DER BOTE Die Israeliten flohen in großer Not, doch
viele wurden in der Ebene eingekreist und abgestochen.
Der Rest erschlagen im Gebirg Gilboa.

SAUL Heute haben wir verloren.
Waffenträger! Mach ein Ende mit mir. Stich zu. Befrei
mich von den Qualen.

DER BOTE Ich wage es nicht, Herr. Verlange nicht von mir,
was wider heiliges Gesetz verstößt.

SAUL Du sollst mich töten! Verbirg dann meinen Rest,
ehe die Ungläubigen mich finden und den Leichnam des
Königs schänden.

DER BOTE Ich kann nicht tun, was ich nicht darf. Diesen
letzten Dienst verweigere ich dir.

SAUL Kann ich es selber noch? Laß sehen.
Hier ist mein Schwert, und so vernichte ich den
Gesalbten.

*Saul stürzt sich in sein Schwert, dessen Griff er zwischen
zwei Felssteinen einklemmte.*

Licht auf die Hexe von Endor am Glaskasten.

DIE HEXE VON ENDOR Des anderen Tags werden kommen die Philister und die erschlagenen Israeliten aus-
ziehen und berauben. Danach werden sie finden Saul
und seinen Sohn Jonathan, die liegen erstarrt beim Felsstein. Dann hauen sie dem König und seinem Sohn das

Haupt ab und nehmen ihnen die Waffen weg. Und sie schleppen die Leichname mit sich. Die beiden Enthaupteten aber werden sie hängen an die Mauer von Beth-Schean, und sie werden sie schänden.

DAVID VOR SEINEM ZELT

Während David die Plane öffnet, um in sein Zelt zu gehen,
tritt der Bote auf.

DAVID Wen suchst du, Fremder?

DER BOTE Aus den Heeren Israels bin ich geflohen.

DAVID Nicht um mir ihren Sieg zu verkünden, so scheint
mir.
Wie ging es zu? Was hast du gesehen?

DER BOTE Viele Männer starben. Der Rest suchte Zuflucht
im Gebirg.
Aber auch sie wurden niedergemacht.
Saul und sein Sohn Jonathan sind tot.

DAVID Weißt du es sicher? Warst du in ihrer Nähe?
Was hast du gesehen?

DER BOTE Ich stand nicht weit vom König, als ihn das
Glück verließ.
Er lehnte an seinem Spieß und kämpfte nicht mehr.
Verletzt war er von treffenden Pfeilen der Feinde.
David, David, stöhnte er. Wo verbirgst du dich?

David, David, dein Vormarsch hätte uns Rettung
gebracht. Dein Schwert hätte die Schlacht für uns
entschieden. Vor dem König lag erschlagen sein
Sohn.
Saul aber fragte mich: Wer bist du? Ich sagte: Erkennst
du mich nicht? Ich bin doch dein Bote und Waffenträger.
Und er sagte: Tritt näher zu mir. Viele Wunden trug
ich davon, und in mir ist nur noch schwaches Leben.
Deshalb töte mich jetzt. Und ich hörte den Befehl des
Königs und wagte nicht, mich zu widersetzen. Da
erschlug ich ihn mit meinem Schwert. Darauf nahm
ich ihm den Reif von der Stirn und die goldene Spange
vom Arm. Beide bringe ich dir zum Zeichen, daß König
Saul nicht mehr ist.

David nimmt die Insignien entgegen.

DAVID *(murmelt für sich)* «David, David, wo verbirgst du
dich?» … Herr, mein Gott, ich höre flehen den König
Saul. Warum ließest du nicht zu, daß ich die Philister
täusche und sie in die Schlacht führe – zu ihrem siche-
ren Untergang? Warum durfte ich nicht retten meinen
Freund? Und mußte ihm ein Verräter scheinen in seiner
letzten Stunde?
(zum Boten) Woher kommst du? Zu wem gehörst du?

DER BOTE Ich war ein Fremdling im Lager Sauls. Sohn
eines Amalekiters, verschlug es mich als Knabe ins

Nachbarland. Ich diente einem Herrscher, der das Volk meiner Väter beinahe ausrottete.

DAVID So? Ein Fremdling warst du? Der aber doch die Sitten des Landes achtete und seinen Gesetzen Gehorsam erwies.
Wie kommt es dann, daß dir nicht bange ward, als du dein Schwert gegen einen Gesalbten zogst?

DER BOTE Da ich meinem König Gehorsam schuldete, blieb mir keine Wahl, als nach seinem Befehl zu handeln.
Was fragst du so zweifelnd? Weshalb zögerst du mit deinem Lob? Und sogar mit deinem Lohn?
Saul mußte fallen, damit endlich du zum Herrscher Israels gewählt wirst.
O Herr, sehr wohl habe ich gezittert und gebangt und wagte es zuerst nicht. Dann aber tat ich, was ich tun mußte – für ihn und für dich.

David tritt nah an den Boten.

DAVID Dein Blut kommt über dein Haupt.

DER BOTE Herr, halt an! Ich habe nicht genau genug erzählt … Du kennst noch nicht die ganze Wahrheit –

DAVID Genug vom Frevel hat dein Mund gesprochen.

David läßt den Boten gefangennehmen und beiseite schleppen.
Er holt seine Lyra, setzt sich vors Zelt und singt das Klagelied
auf Saul und Jonathan.

DAVID Ihr Berge zu Gilboa – die Edelsten Israels
liegen erschlagen auf deinen Höhen.
Wie sind die Helden gefallen!
Sagt es nicht zu laut, verkündet's nicht in den Gassen,
daß sich nicht freuen die Töchter der Philister,
daß nicht frohlocken die Scharen der Unbeschnittenen.
Der Bogen Jonathans hat nie gefehlt,
das Schwert Sauls ist nie leer wiedergekommen
vom Blut der Erschlagenen und vom Fett der Feinde.
Saul und Jonathan, verflochten ineinander im Leben
fest wie ein Seil, sind nun im Tod nicht mehr zu trennen.
Schneller waren sie als die Adler und stärker als Löwen.
Wie sind die Helden gefallen!
Jonathan, von Pfeilen durchbohrt, von Spießen
erstochen –
O mein Bruder, wie ist mir leid um dich!
Niemals finde ich auf Erden einen treueren Freund,
niemals wieder das Glück und die Freude wie unter
unserem Schwur. Wie sind die Helden gefallen!

DIE HEXE VON ENDOR *(bei ihrem Glaskasten)* Nach dieser
Geschichte wird David sich aufmachen und davonziehen
mit seinen Männern, Weibern und Kebsen gen Juda,
und sie werden siedeln in den Städten Hebrons.

Die Weisen des Lands werden sich versammeln und
David aus Bethlehem ausrufen zum König über das
Haus Juda. Nach sieben Jahren wird er von dort weiter-
ziehen gen Jerusalem und Zion erobern im Triumph.
Sein Gott wird ihn erheben und läßt ihn vereinen in
seiner Hand Juda und Israel zu einem großen Reich.
Saul war düster und blieb keusch vom Tag an, da Gott
ihn verwarf.
David aber ist eine helle Seele, und immer wird er bei
vielen Weibern liegen.
Allein seine Frau Michal, Sauls Tochter, wird er niemals
berühren.
Denn bis auf seine alten Tage wird er sich fürchten vor
einem Nachkommen aus dem Geschlecht des unglück-
lichsten Königs von Israel.

ANHANG

1. Ein Brief an Wolfgang Rihm vom 3. Januar 2013

Lieber Wolfgang,

ich will Dir postwendend antworten, denn ich habe mich natürlich über Dein Interesse an meiner dramatischen Studie zu «Saulus desperans» (so der Titel eines Humanistendramas) sehr gefreut. Ich hatte, offen gestanden, nicht mit einem ernsthaften Vorschlag zur Realisierung für die Oper gerechnet. Zunächst ist ja das stoffliche Milieu nicht besonders attraktiv, man denkt an die gleichnamige Händel-Oper und nickt etwas gleichgültig. Aber nun ist das Innere des kleinen Stücks eher ein Kammerdrama unter drei Personen und, wie gesagt, ein Versuch über einen ersten König der Israeliten, dem alles schiefgeht, «Gottes falsche Wahl» war der Arbeitstitel eine Zeitlang. Es gibt über das Motiv Dramatisches von André Gide, Lyrisches von Rilke und George, vor allem Karl Wolfskehl – aber mir kam vor, daß eine eigene, gar ins Heutige stilisierte poetische Sprache niemals die Wirkung der AT-Diktion erreicht. Deshalb der Versuch, sich dieser niemals ganz zu entfernen – und sogar Selbsterfundenes ihr anzugleichen. Die «Vox atrox», die harte, die *erschreckende* Stimme zu erhalten. Und deshalb letztlich die Rechtfertigung solch nachtönender Sprache durch originaltönende Musik – damit wäre zumindest die Gefahr des Archaisierenden gebannt.

Deine Einfälle und Vorschläge animieren mich sofort, mich wieder mit der Sache zu beschäftigen. Ein paar Repliken dazu: Die Hexe von Endor habe ich wohl etwas vergrößert und ihr mehr Platz eingeräumt. Ich sehe völlig ein, daß ihr Epilog so nicht mit Musik zusammengeht. Aber ich muß die Melancholie des Fazits irgendwie anders fassen.

Problematisch: der Glaskasten mit Volk als Puppen. Weißt Du, ich hatte an diese Vitrinen mit lauter «privatmythologischem» Krimskrams gedacht, die früher der Künstler Boltanski ausstellte. So wie mir auch zur Düsternis des Saul immer Thron-Käfige von Francis Bacon vorschwebten.

Das Lied der Frauen ist das schreckliche Wort: «Saul hat tausend erschlagen, David aber zehntausend», das jubeln sie zum schweren Verdruß des Königs (1. Buch Samuel 18, 7).

In einer sehr frühen Notiz zu dem Stück heißt es: «Das Ganze vielleicht aus dem Lied der Frauen entwikkeln. Ein ständig alles Geschehen arrangierender Frauenchor.» Jedoch: Die Binnenspannungen zwischen den Figuren ließ so ein künstlich episierendes Element schnell in Vergessenheit geraten.

Peter Stein, dem ich schon früh den Text anvertraute, forderte sogleich, daß ich in der nächsten Zeit eine Königstrilogie liefere: Saul – David – Salomon. Ich befürchte allerdings, daß ich das nicht in Serie herstellen

kann, zumal mich eigentlich immer nur «Gottes falsche
Wahl» anzog – aus metaphysischen wie aus darstellungs-
psychologischen Gründen.

Ob es nun zu einem Unternehmen von uns beiden
kommt oder nicht, ich biete das Stück, wie es ist, nicht
öffentlich an.

Was auch ein jämmerlicher Witz wäre, weil kein Theater
so was heute machen würde. Statt dessen haben sie jetzt
landauf, landab das AT entdeckt – als Quelle für hand-
feste «Sex and Crime»-Stories auf der Bühne. Aber das
soll uns nicht irritieren. Soviel nur als spontane Antwort
auf Deinen schönen Brief.

Dein Botho

2. Notizen zum Text

Ich dachte an die Kontrastbindung zwischen König Saul, dem Urdepressiven, und David, dem Urbegünstigten und -begabten.

Unzeitiger Eifer des Sauls ... und dann verzehren seine Leute blutige Kälber! Weil er ihnen verboten hatte die rechtmäßigen Speisen, bevor nicht die Feinde vollständig geschlagen sind. Alles geht schief dem Mißerwählten. Er ist ein schlechter Regent. Das Volk zerstreut sich ihm, verkriecht sich, verschwindet. Er läßt zu unpassender Zeit ein Dankopfer abhalten, um seine Leute wieder bei sich zu versammeln. Er läßt sie fasten und schwächt sie also vor ihrem Kampf gegen die Philister. Ein Unbesonnener, ein Übereifriger. Er wollte nicht berufen werden, er weiß um seine Schwäche. Doch einmal im Amt, muß er sich gegen jeden inneren Mangel Stärke abringen. Gott wendet sich ab von ihm, sattelt um auf den Strahlemann David. Saul: Disproportion von Amt und Talent. Ein vom Allmächtigen aufgegebener König kann nur noch in die Selbstzerstörung flüchten. Spießwürfe gegen den Günstling des Herrn gehen dem voraus. Depression, Wutanfälle, Mißtrauen, Neid, fruchtlose Kampfhandlungen, Ungebärde. Saul aus dem kleinen Stamm der Benjaminiten.
Jemand hat gesagt, Saul sei Gottes Strafe für die Israe-

liten, die sich einen König zum Führer wünschten. Abstrakt politisch bedeutet das: Das erwählte Volk betreibt den elementaren Wechsel von der Theokratie zur Monarchie. Aus dieser Teilenteignung der göttlichen Führungsgewalt wird die Tragödie des Saul geboren. Die Selbstherrlichkeit der kriegführenden Israeliten steht am Beginn.

Der Geist des Herrn wich von ihm, ein böser ergriff von ihm Besitz, und er wurde sehr unruhig. Doch der Harfenspieler David vertrieb den bösen Geist, und es ward besser mit ihm. David, nachdem er den Goliath besiegt, wurde von Jonathan, Sauls Sohn, geliebt. Diese Liebe ist die zu einem besten Freund ohne jede Andeutung eines erotischen Umgangs miteinander, den heutzutage Vertreter der protestantischen Kirche gern unterstellen, um die Billigung von Homosexualität in der Bibel zu belegen. Der Vater in einem Raptus erhebt sich und schleudert gegen David den Spieß.

Nichts Intrigantes, sondern Unbeherrschtheit, offene Wut – eifersüchtiges Vorgefühl für den neuen Gesalbten, den unbestrittenen Volksliebling, der Saul nie wurde.
In der Höhle, in der Saul Zuflucht sucht, sitzt schon im tieferen Grund David mit seinen Leuten. Er geht aber zum schlafenden Saul und schneidet ihm einen Zipfel von seinem Rock ab. Im übrigen verschont er seinen

Verfolger. (Zuvor reißt der verzweifelte Saul, vor ihm kniend, dem Samuel Fetzen vom Rock, da der Prophet ihm eröffnet, daß Gott sich von ihm abgewandt habe.)

Damit die Philister ihn nicht fangen und seinen Spott treiben mit ihm, bittet er seinen Waffenträger, ihn zu erstechen, der aber weigert sich, einen Gesalbten zu morden. «Da nahm Saul das Schwert und fiel hinein.» 1. Buch Samuel, 31, 4

Kleidung:

Buntgemusterte Hemdgewänder (Nomaden)
Kurzer und langer Chiton, gegürtet

Ärmel-Chiton, knielang Männer, bodenlang Frauen
Überwurf-Mantel
Kethonet, hebräisch Leinen,
runder Halsausschnitt, kurze angeschnittene Ärmel,
waden- bis knöchellang

Bei Königen und Priestern mit Symbolen bestückt,
Sterne, Zacken, Quadrate
Borten und Fransen bei höhergestellten Personen.
Er zerriß seine Kleider und legte Sacktuch um seine
Lenden.
Am besten trügen alle das ähnliche Gewand, nur mit

den auffällig verschiedenen Rangzeichen. (Stirnreif und Armspange des Königs.)

Teraphim:

Götzenfiguren in Menschengröße. Davids Frau legt eine solche an die Stelle ihres Mannes ins Bett, als die Häscher Sauls nach ihm fahnden.

Maimonides:

Gott sprach nicht zum ganzen Volk Israels. «Sie vernahmen eine gewaltige Stimme, konnten aber keine Worte unterscheiden.» Die Gesamtheit Israels hatte nur *ein Mal* einen Schall gehört.

3. Zusätzliche Texte und Textvarianten

Dialog Vater – Sohn
Entwurf

SAUL Und ich sehe den hohen Sohn zum gewöhnlichsten
  Freund eines Freunds geworden ... Ihn, den ich geliebt
  und gehegt habe, von Kindesbeinen an in ein feines und
  bewegliches Erfahren einfädelte, um ihn endlich hinaus-
  zuschicken in die streitbare Welt, von innen und außen
  gut ausgestattet, gefestigt und gerüstet, nun seh ich ihn
  als einen unter anderen. Mit traurig erhobener Faust
  läuft der Vater hinter dem Sohn her, und mit bitterer
  Empörung ruft der Vererber und Erzieher aus: Gib mir
  meine Teile wieder! Alles, was wir uns waren, so lang
  und so eng, von einem Jahr zum anderen hast du es vergeben und verschleudert an einen Mann von unterstem
  Hirtenstand. Das Erschrecken vor der unguten Zeit, das
  ich bisher nur in Gedanken kannte, ergreift mich nun
  mit böser Gewalt. Beim Anblick meines gewöhnlichen
  Sohns. Mein Knecht David hat mich beraubt ... Ich
  dachte: Zwischen uns wäre es so eng, es gäbe keinen
  Platz für die Schmeichelei eines Dritten. Waren wir nicht
  eingeschworen darauf, uns gegen die Verruchtheit dieser
  Zeit zu stellen? Kein König kann dem Herrn gefallen,
  ohne sich zu rüsten gegen die verderbenbringende Zeit.
  Obwohl ich der erste bin, war vor mir die bessere Zeit ...

Ich erzählte einem unwürdigen Menschen von meiner Kindheit … von den Hütestunden auf dem Feld, den fröhlichen Jahren, da ich selbst noch der Sohn war, von der Erwählung im Licht und wie die Mädchen mich aufhalten wollten, indem sie immer was Neues vom Seher erzählten, der ihnen weniger wichtig war als der Anblick des schönen jungen Kriegers, ah, seine linkische Bescheidenheit damals … beim Gesalbtwerden im Schrein … der König tritt vor sein Volk … ich höre die anfeuernden, den Gleichschlag der Schwerter skandierenden Rufe aus jubelnden Mündern von groß und klein … So ist es in der Not mit den Erinnerungen, sie versetzen uns in einen seligen Zustand, den niemand, niemand mit uns teilen kann. Erst in der Seligkeit sind wir vollkommen allein.

JONATHAN Der Sohn sagt: Ich lebe jetzt anders als du. Ich bin auf Vertrauen angewiesen in meiner Umgebung. Das aber zu dir ist getäuscht worden. Ich kann nichts mehr annehmen von dir.
Du hast einen eifersüchtigen und also einen scheelen Charakter. Ich vergesse dir nicht, wie du mir, deinem liebsten Sohn, mit durchsichtiger Absicht von den Frauengeschichten berichtetest, mit denen David angeblich unsre Freundschaft abwertete. Du hast dich nicht geschämt für diese falsche Offenheit, ja, die Gier, die du an den Tag legtest, wenn du mich mit den herabwürdigenden, abschätzigen Meinungen, die andere

hinter meinem Rücken über mich äußerten, bekannt
machtest, und es waren stets Kameraden im Heer,
die ich für meine besten und treuesten hielt, genau die
hast du angeschwärzt, als meine Verleumder entlarvt,
nur die und nur vor mir natürlich, streng vertraulich.

SAUL Aber du, mein Sohn, und ich, wir zogen beide immer
gern über andere her, die uns nicht paßten oder nicht
verstanden. Wir lästerten und höhnten, einer überbot
den anderen. Allein wäre ich zu solcher Überheblichkeit
gar nicht imstande gewesen.
Du wirst sehen, daß sich von nun an mein ganzer Ehr-
geiz darauf konzentriert, etwas Bejahendes zu sagen.
Es tut einem nämlich gut, einfach zu sagen: *So* ist es.
Da haben wir's. *Das* brauchen wir. Das ist wahr, das ist
gut, das ist hilfreich. All die kleinen Bausteine zum
großen runden und festen Ja; langsam sich türmend:
Entschiedenheit.

GEBET DER HEXE VON ENDOR

Längere Fassung

Text aus Psalm 77, kompiliert mit Babylonischem Klagelied,
vgl. «Grundrisse zum Alten Testament, Bd. 1, Religions-
geschichtliches Textbuch zum Alten Testament», hrsg. von
Walter Beyerlin, S. 135

DIE HEXE VON ENDOR In der Zeit meiner Not suche ich
den Herrn;
   meine Hand ist des Nachts ausgestreckt und läßt nicht ab;
   denn meine Seele will sich nicht trösten lassen.
   Meine Augen hältst du, daß sie wachen;
   ich bin so ohnmächtig, daß ich nicht reden kann.
   Langes Warten hat mich geformt, und ich bin wie eine
   Puppe aus Holz.
   Während die Schwachen erstarkten, wurde ich schwach.
   Ich werde hin- und hergeworfen wie eine Welle am
   Strand.
   Mein Herz flattert auf und ab gleich dem Vogel des
   Himmels.
   Ich klage wie eine Taube Nacht und Tag.
   Denn von Weh und Ach ist mein Inneres ganz erfüllt.

Was habe ich getan, allmächtiger Gott, als ob ich dich
nie gefürchtet hätte?
Löse meine Sünde, meine Missetat, meinen Frevel.
Übersieh meine Verfehlung, nimm mein Gebet an.
Löse meine Fessel, bewirke meine Befreiung.
Leite meine Pfade recht, daß ich glänzend wie ein
vornehmes Weib unter den Menschen meine Straße
ziehen kann.
Laß meine Fackel, die erlosch, wieder leuchten!
Meinen Pferch sich weiten, mein Kohlebecken,
das jetzt schwarz ist, wieder aufglühen!
Laß meine Bitten, mein Flehen zu dir gelangen,
laß deine Gnade bei mir sein.

Gott, dein Weg ist heilig. Wo ist ein so
mächtiger Gott, als du, Gott, bist?
Die Wasser sahen dich, Gott, die Wasser
sahen dich und ängsteten sich, und die
Tiefen tobten.
Die dicken Wolken gossen Wasser, die Wolken
donnerten, und die Strahlen fuhren daher.
Das Erdreich regte sich und bebte davon.
Dein Weg war im Meer und dein Pfad
in großen Wassern, und man spürte doch
deinen Fuß nicht.
Hat Gott vergessen, gnädig zu sein,
und seine Barmherzigkeit vor Zorn verschlossen?

Originalausgabe
Veröffentlicht im Rowohlt Verlag, Hamburg, Dezember 2019
Copyright © 2019 by Rowohlt Verlag GmbH, Hamburg
Einbandgestaltung Frank Ortmann
Innentypografie Daniel Sauthoff
Satz Dante MT bei Pinkuin Satz und Datentechnik, Berlin
Druck und Bindung CPI books GmbH, Leck, Germany
ISBN 978-3-498-00135-3